150 frases para entender el servicio al cliente
Victor Verdugo

Derechos Reservados 2012 Victor Verdugo

ISBN: 978-1-300-09973-4

Este libro también está disponible en formato digital en los principales distribuidores en línea.

Tabla de Contenido.

Introducción 6

Reflexiones antes de comenzar 11

Entendiendo al cliente 16

Preparando la bienvenida 21

La bienvenida 30

La atención profesional 37

La despedida 46

La postventa 53

El soporte técnico 57

Atención por otros medios 65

Recomendaciones finales 70

Información de contacto y libros recomendados 74

Introducción

Existió una época en la que no era necesario preocuparse por la calidad del servicio que se ofrecía. Había poca competencia y el mercado era inmenso. Algunas de las grandes empresas que hoy conocemos nacieron en aquel entonces.

Pero todo ha cambiado, en el presente es difícil encontrar un negocio que no tenga varios competidores luchando por los mismos clientes.

Hoy en día, ya no es suficiente ser el más grande, el más rápido o el más barato. Para sobresalir es indispensable ofrecer algo más que buenos productos y servicios.

Empresas de todos los tamaños han descubierto que la clave para incrementar sus ventas no está solo en atraer clientes nuevos, sino en fomentar la lealtad de quienes ya les han comprado.

Y es que la lealtad es un sentimiento de correspondencia. Es cuando alguien se siente en deuda y busca retribuirlo, compensarlo de alguna manera, con aprecio, con apoyo, con amistad, con dinero...

En la relación con los clientes, no hay algo más valioso que provocar este sentimiento. Los "leales" no solo le compran con mayor frecuencia, sino que también hablan bien de usted y lo respaldan ante las críticas. Lo recomiendan, se preocupan por su mejora y se sienten parte de su éxito.

Para fomentar la lealtad existen diversos caminos, pero al final todos conducen al mismo destino:

"Ofrecer constantemente un buen servicio".

De esta frase resalto las palabras "buen" y "constantemente". La calificación de bueno, normal o malo, la otorgará cada cliente por separado. Depende de la percepción de cada uno y puede variar, aunque generalmente sigue la siguiente regla:

"Entregue menos de lo que se espera recibir y su servicio será pésimo. Entregue lo esperado y será bueno. Entregue más y su servicio será magnífico".

La segunda palabra tiene que ver con la constancia. Sabemos que la atención al cliente ocurre entre personas, por lo tanto involucra emociones, estados de ánimo y personalidades. Esto hace que sea voluble y cambiante, la misma persona puede dar hoy una atención agradable y ser un desastre mañana. De aquí la importancia de ser constantes, porque la lealtad se logra con el paso del tiempo, después de varias compras con resultados positivos.

No es fácil controlar los sentimientos. Para ofrecer una buena atención en todo momento, se necesita de mucha energía, disposición, pasión por el trabajo y optimismo, pero sobre todo se requiere tener consciencia de la importancia del cliente y de los beneficios que se obtienen por su lealtad.

Para comprender esto el primer paso es saber el porqué y para qué, y el segundo es recordarlo todos los días.

La teoría se aprende en libros, en cursos de capacitación, en conferencias y con el trato diario con los clientes. Esta información es muy valiosa y sumamente necesaria, pero por alguna razón, conocerla no es suficiente para dar resultados.

Parte del problema es que no se le da mantenimiento a lo aprendido. Es común que después de un entrenamiento nos sintamos motivados y ansiosos por llevar la teoría a la práctica, pero al cabo de un tiempo ese impulso emotivo se va perdiendo, llevándose consigo parte del conocimiento adquirido.

Por eso se dice que la capacitación debe ser constante, sin embargo, no siempre se dispone de recursos para ello, en especial, tiempo.

Ante esta problemática diseñé este libro como una herramienta fácil y rápida de leer, que le permita recordar en pocos minutos los fundamentos de la buena atención.

Las "150 frases para entender el servicio al cliente" están basadas en el libro Carta de un Cliente Exigente, también de mi autoría, donde le relato paso a paso el porqué y el para qué del buen servicio, analizados desde la perspectiva de un cliente, se trata de un enfoque diferente de abordar el tema.

Si bien se lo recomiendo bastante, la realidad es que no necesita leerlo para comprender este libro.

Bastaría una lectura rápida para su entendimiento, sin embargo, le sugiero que ante cada frase se pregunte por qué y para qué varias veces, hasta que esté convencido del significado. De esta manera, una información que pudiera ser olvidada se puede convertir en un conocimiento que perdurará por años.

Le sugiero que lea el libro a cada tanto tiempo, el que usted establezca. Le tomará pocos minutos y le ayudará a refrescar sus conocimientos y a mantenerse enfocado en su principal objetivo: el cliente.

Le recomiendo también que lo complemente con otros libros. Carta de un Cliente Exigente es una buena opción, pero existen trabajos de otros autores muy valiosos, al final le muestro algunas recomendaciones.

Espero que esta herramienta le sea de gran utilidad. Le agradezco de antemano su interés y disposición hacia este libro.

Para dudas o recomendaciones al final anexo mis datos de contacto.

Muchas gracias,

Víctor M. Verdugo Rubio.

"Así es, tendremos esta reunión todos los días hasta que descubramos por qué las cosas no funcionan en esta empresa"

Reflexiones antes de comenzar

Servir a los demás es una decisión personal, no es una obligación.

****

Empleados inconformes generan clicntcs inconformes.

****

Si no siente pasión por su trabajo difícilmente podrá sentirla por sus clientes.

****

El cliente es la solución, no es el enemigo.

****

El volumen de clientes no es excusa para un mal servicio.

****

Para el cliente usted es la empresa.

****

Todos los clientes son exigentes, cada uno lo expresa de forma diferente.

****

El éxito de un negocio no está solo en atraer clientes nuevos sino en conservar a los leales.

****

Cuesta menos conservar a un cliente leal que atraer a uno nuevo.

****

Antes, un cliente inconforme lo desacreditaba con siete más, hoy podría hacerlo con miles.

****

En los clientes no se gasta, se invierte.

****

En la atención al cliente la forma es lo que importa.

Entendiendo al cliente

"Por qué será que el señor de la tienda de conveniencia es el único que me entiende".

****

Los clientes son personas, no son una especie diferente.

****

Todas las personas son clientes de algo o de alguien en todo momento.

****

El cliente acude a usted cuando necesita algo que usted tiene.

****

El cliente prefiere los negocios donde pueda satisfacer la mayor cantidad de necesidades.

****

El cliente comunica en todo momento cuáles son sus necesidades.

****

Para detectar necesidades, debe ponerse en los zapatos del cliente.

****

Los clientes son diferentes, pero comparten algunas expectativas.

****

Un buen servicio es aquel que cumple lo que ofrece.

****

Un servicio extraordinario es aquel que supera la expectativa del cliente.

****

El cliente no sabe perder, por eso no tolera recibir menos de lo que espera.

Preparando la bienvenida

La atención comienza antes de que el cliente llegue.

****

Usted es responsable del estado de ánimo con el que el cliente se presente.

****

El cliente piensa primero en lo cercano, solo el nivel de servicio le harían cambiar de opinión.

****

La buena atención le asegura contar con sus clientes cercanos y puede atraer a los lejanos.

****

Al cliente no le agrada perder el tiempo buscando un negocio.

****

Más importante que saber cuántos clientes compraron ayer, es saber cuántos tenían la intención y no lo hicieron.

****

Entre más formas de contacto ofrezca más clientes podrá acceder.

****

Si el cliente no encuentra condiciones favorables para entrar en contacto, se retira sin avisar.

****

El cliente ve reflejado en el exterior el grado de profesionalismo con el que se trabaja al interior.

****

El cliente espera que su negocio esté abierto siempre que lo necesite.

****

El horario de funcionamiento debe atender a los clientes, no a los empleados.

****

El cliente exige puntualidad al abrir y flexibilidad al cerrar.

****

Los clientes guardan un poco de paranoia en su interior, no les haga sentir inseguros.

****

El cliente quiere sentir que cuidan de él, no que se cuidan de él.

****

El cliente no quiere obstáculos al entrar a su negocio.

****

Algunas técnicas publicitarias para atraer clientes pueden convertirse en repelentes.

****

El cliente ve en su negocio un refugio para el clima.

****

El estado del tiempo es una oportunidad para superar expectativas del cliente.

****

El cliente espera escuchar sin dificultades dentro de su negocio.

****

El cliente espera una iluminación coherente con el tipo del negocio.

****

Los malos olores actúan como repelentes de clientes.

****

Negocios limpios atraen clientes, negocios sucios atraen roedores.

****

El orden y la limpieza son una obligación para quien atiende clientes.

****

El cliente espera poder conducirse dentro de su negocio sin necesidad de un mapa.

La bienvenida

"Bienvenidos, gracias por visitarnos de nuevo".

****

El cliente agradecerá toda muestra de ayuda antes de entrar.

****

En el mundo de los negocios, discriminar a un cliente es un suicidio.

****

Clasificar a los clientes es un riesgo de fallas en el servicio.

****

Si quiere clasificar a los clientes, entienda que solo hay de un tipo, el exigente.

****

Un cliente espera que el personal luzca impecable.

****

El cliente necesita poder identificar a los empleados de entre otros clientes.

****

El uso de uniformes puede ser causa de inconformidad en los empleados.

****

El cliente espera ser recibido con alegría.

****

El cliente tiene instalado un detector de sonrisas falsas.

****

El cliente busca ser tratado por seres humanos, quizá en el futuro prefiera a los robots.

****

El cliente no soporta escuchar un recital de frases ensayadas.

****

Cuando el cliente acepta un saludo con las manos, lo menos que espera es que estén limpias y secas.

****

El cliente está para dar órdenes,
no para recibirlas.

****

La forma correcta de dirigirse a un
cliente es preguntando.

****

Hasta una persona grosera espera
recibir amabilidad y cortesía de
quien le atiende.

****

El saludo perfecto es aquel que es sincero.

****

Conocer el nombre de quien atiende transmite confianza y seguridad.

****

Al cliente se le habla de usted, a menos de que indique lo contrario.

"Por lo que parece debe ser un fallo en un transistor de la tarjeta de video"

La atención profesional

El cliente le gusta tratar solo con profesionales.

****

El cliente percibe cuando no se trabaja en equipo.

****

El cliente espera que cualquiera que se identifique como parte de la empresa sea capaz de orientarle.

****

El cliente tiene un campo de fuerza a su alrededor que no puede ser traspasado sin su autorización.

****

Un cliente no soporta ser interrumpido, aunque sea necesario.

****

El cliente puede ser un impuntual, usted no.

****

Es una falta de respeto mentir sobre el tiempo que habrá de esperar un cliente.

****

Con el simple hecho de escuchar adecuadamente a un cliente, ya se están satisfaciendo varias de sus necesidades.

****

Escuchar adecuadamente a un cliente reduce considerablemente el riesgo de fallas en el servicio.

****

Al cliente le agrada confirmar que su mensaje ha sido entendido.

****

El cliente prefiere a quien sabe expresarse correctamente.

****

Un cliente espera tratar con personas que saben dónde trabajan.

****

El cliente busca al experto para resolver dudas, no para enseñarle.

****

El cliente quiere tratar con expertos que saben cómo transmitir su conocimiento.

****

Es fácil engañar a un cliente, pero una vez que lo descubre no existirá el perdón.

****

Piense en lo que el cliente necesita, no en lo que usted vende.

****

El cliente exige precios claros y sin trampas.

****

Los clientes buscan productos o servicios, no excusas.

****

El cliente espera recibir lo que pidió, no algo parecido.

****

Algo defectuoso no es bien recibido ni cuando es gratis.

****

A nadie le agrada una promesa incumplida, pero para un cliente es el fin del mundo.

****

El cliente exige puntualidad en los plazos, ante cualquier imprevisto, desea saberlo con anticipación.

****

Un compromiso incumplido con un cliente es y debe verse como una tragedia.

****

Al cliente no le agrada que usted se exprese negativamente de su competencia.

La despedida

¿Le mostraste al guardia el ticket de compra antes de salir?

****

La despedida es una bienvenida adelantada de la próxima visita.

****

Los procesos internos deben ser orientados hacia el cliente, no hacia el administrador del negocio.

****

El cliente espera que le sea fácil comprar con usted.

****

El cliente espera ser tratado por la misma persona a lo largo de todo el proceso de compra.

****

El cliente no acepta que se le deje de atender por realizar controles administrativos.

****

Hacer esperar al cliente antes de pagar, puede provocar que se arrepiente de la compra.

****

Al cliente no le gusta hacer fila, ni estando sentado.

****

Para provocar conflictos, basta con una fila larga y confusa.

****

El cliente prefiere negocios donde le ofrecen diferentes formas de pago.

****

Aceptar pagos con tarjetas bancarias ya no es opcional, es una obligación.

****

El cliente siempre es honrado, no asuma lo contrario sin tener pruebas.

****

Una vigilancia exagerada sobre los clientes puede reducir los robos, pero también las ventas.

****

El cliente gusta de las políticas, siempre y cuando sean flexibles.

****

Las reglas se hicieron para romperse, incluso esta regla.

****

El cliente siempre agradece la ayuda aunque no la necesite.

****

El cliente sabe cuándo debe dar propina, no necesita que se lo recuerden.

****

El cliente espera que le den las gracias y también que le agradezcan.

"Cuando ofrecimos personalización, nos referíamos a elegir el color de su casa solamente"

La postventa

Un cliente no deja de serlo
después de comprar.

****

El cliente agradece que se le
ofrezcan servicios
complementarios a su compra.

****

Al cliente le gustaría resolver todo
en el mismo lugar.

****

No abarque más servicios de los que es capaz de atender.

****

Al cliente le agrada sentir que se le recuerda.

****

Los clientes son impredecibles, aunque siempre pidan lo mismo.

****

El cliente prefiere los lugares donde es libre de configurar el producto o servicio a su gusto.

****

Al cliente le agrada sentir que forma parte de las decisiones del negocio.

****

El cliente espera que se premie su lealtad, no solo sus compras.

"El cliente dice que le hemos hecho pasar un mal
momento y exige una compensación"

El soporte técnico

El cliente espera productos y servicios perfectos, pero está consciente de que pueden fallar.

****

El cliente espera más servicio y atención durante un reclamo, que durante la venta.

****

Un cliente que se queja es un cliente interesado en ayudarle.

****

Antes de que le resuelvan su queja, lo que el cliente quiere es desahogarse.

****

Ofrecer disculpas es una muestra de humildad, no significa que ha cedido ante el cliente.

****

Las excusas y las justificaciones alimentan la molestia del cliente.

****

Los clientes no son patanes, solo están demostrando su grado de insatisfacción por el servicio.

****

Alguien que se ofende con facilidad no puede atender quejas.

****

El cliente siempre tiene la razón, aunque no la tenga.

****

Cada minuto de espera para resolver una queja será un minuto de pensamientos negativos sobre su servicio.

****

No existen imposibles, toda queja puede ser resuelta.

****

Al cliente le gusta tratar con el que decide.

****

La clave de la atención de quejas es convertir una falla en una alegría para el cliente.

****

Un cliente que siente que ha perdido es sumamente vengativo.

****

El cliente no quiere escuchar la palabra "excepciones" cuando reclama una garantía.

****

No vea las compensaciones y garantías como gastos, sino como inversiones a futuro.

****

Un proceso de cancelación burocrático, lejos de hacer que el cliente desista, le confirma que su decisión es la correcta.

****

Una falla que se repite es un error de proceso.

****

Los manuales extensos y complicados van directamente a la basura.

****

En la atención de quejas, la segunda es la vencida.

****

La atención de algunas fallas continúa tiempo después de haber sido resueltas.

"Su llamada es muy importante para nosotros, por favor espere en la línea"

Atención por otros medios

El cliente asume que todos los negocios tienen servicio por teléfono.

****

El cliente no quiere perder el tiempo buscando su teléfono.

****

El cliente se impacienta más con cada timbre que pase sin ser respondido.

****

El cliente espera que le responda un ser humano, no una computadora.

****

Las sonrisas sí pueden verse por teléfono.

****

Al cliente le molesta que se le ponga en espera durante una llamada.

****

El cliente detesta que se transfiera su llamada a otra persona.

****

El cliente espera un trato como en persona, a pesar de ser atendido por internet.

****

El cliente espera una comunicación por escrito coherente con su grado de profesionalismo.

****

El cliente exige puntualidad en las entregas a domicilio.

****

El cliente espera recibir en su domicilio una solución no un problema.

****

Quien sirve a domicilio puede llegar a estar más en contacto con el cliente que un vendedor.

Recomendaciones finales

****

Si su indicador sobre quejas está mejorando, revise el de sus ventas.

****

Empresas de primera requieren de empleados de primera.

****

A quien no consume lo que vende se le dificultará más convencer a un cliente.

****

En la atención al cliente, una supervisión constante sigue siendo obligatoria.

****

Pruebe en pequeño antes de implementar cambios estructurales.

****

Al cliente no le agrada que la publicidad engañosa.

****

Al cliente no le gusta comprar donde no se respeta al medio ambiente.

****

Al cliente le agrada que usted respete las leyes, aunque en ocasiones le pida que las incumpla.

****

Solo el entrenamiento y la disciplina pueden garantizar un servicio excepcional.

Información de contacto y libros recomendados

Para dudas, comentarios, sugerencias o reclamaciones, mi correo electrónico es:

sugerencias@clienteexigente.com

Para mayor información al respecto de este libro, mi sitio en internet es:

http://www.clienteexigente.com

Libros recomendados sobre Servicio al Cliente:

Willie: Chofer y profesor, de Phillip Van Hooser.

Arte Supremo, de Juan Carlos Jiménez.

!Wow!: Deje al cliente boquiabierto con un servicio fuera de serie, de Performance Research Associates and John Bush.

Exceptional Service, Exceptional Profit: The Secrets of Building a Five-Star Customer Service Organization, de Leonardo INGHILLERI, Micah SOLOMON and Horst Schulze.

The Disney Way, de Bill Capodagli.

Carta de un Cliente Exigente, de Víctor Manuel Verdugo Rubio.

www.ingramcontent.com/pod-product-compliance
Lightning Source LLC
Chambersburg PA
CBHW070427180526
45158CB00017B/885